POESÍA

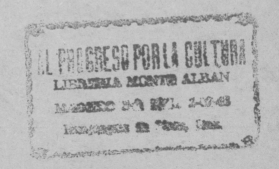

Federico García Lorca

POESÍA

editores mexicanos unidos

POESÍA

Diseño de portada : Sergio Padilla

©Editores Mexicanos Unidos, S.A.
Luis González Obregón 5-B
C.P. 06020 Tels: 521-88-70 al 74
Miembro de la Cámara Nacional
de la Industria Editorial. Reg. No. 115
La presentación y composición tipográficas
son propiedad de los editores

ISBN 968-25-0315-5

5a. edición, febrero de 1987

1a. reimpresión febrero de 1988

Impreso en México
Printed in Mexico

SEMBLANZAS

"Tenía la piel morena, rebajada por un verde aceituna, frente ancha y larga, sobre la que temblaba a veces un inmenso mechón de pelo negro."

RAFAEL ALBERTI

"Ardiente en sus deseos, como un ser nacido para la libertad, Federico de la tristeza, hombre de soledad y pasión que en el vértigo de su vida de triunfo, difícilmente podía adivinarse... Era capaz de toda la alegría del universo, pero su musa profunda, como la de todo gran poeta, no era la de la alegría..."

ALEIXANDRE

A su presencia física se han referido muchos poetas. Entre ellos, Neruda, Angel del Río, Cernuda y muchos otros. Todos coinciden en afirmar que su figura era, sin ser bella, hermosamente española, llena de irresistible atractivo, que es lo que en definitiva cuenta. La mirada profunda y penetrante. El nombre de Federico simboliza la grandeza de la Poesía netamente, profundamente española.

5

Limpio y puro poeta, de amplio corazón, que hacía grande y honda su poesía y su vida, llena de comprensión humanísima.

"Tengo una poesía de abrirse las venas, una poesía evadida ya de la realidad como una emoción donde se refleja todo mi amor por las cosas y mi guasa por las cosas. Amor de morir y burla de de morir."

GARCIA LORCA

"Cuando yo me muera enterradme con una guitarra bajo la arena."

GARCIA LORCA

La guitarra, el amor y la muerte son sus tres musas amadas y amantes.

VIDA Y OBRA DE GARCIA LORCA

VIDA Y OBRA DE GARCIA LORCA

Entre los pueblos del Soto de Roma, hay uno que se llama Fuente Vaqueros y otro Asquerosa. En el primero de éstos, nació Federico García Lorca el cinco de junio de mil ochocientos noventa y ocho.

Poco tiempo después, la familia de Federico se trasladó al otro pueblecito cercano, al llamado Asquerosa. Aquí el poeta vivió su niñez y su adolescencia, en cuyo paisaje su estro creador lo hizo sentir sus primeros versos, que firmó y fechó con algo de rubor: Vega de Zujaira.

Por el hecho de haber sido cuna y lares de la niñez de este gran poeta, asesinado en la flor de su vida, Fuente Vaqueros y Asquerosa, han adquirido de pronto personalidad inesperada en la geografía del sentimiento y la cultura y se han convertido en una especie de Portal de Belén de la poesía. Por ser cuna de canciones, santuario de recuerdos y también a lo mejor, refugio de remordimientos.

Hacia finales del siglo, don Federico García Rodríguez, hombre sencillo, robusto, acomodado e inteligente, se había casado en segundas nupcias con doña Vicenta Lorca, una maestra callada, discreta, amable, cariñosa, de dulce voz, formando así un hogar lleno de comprensión y armonía. Era ésa una casa de pueblo, bien acomodada.

Este pueblecito de Asquerosa, donde transcurría la infancia del gran poeta, reunía características de una extraordinaria distinción. Sus pobladores en su mayor parte eran muy intuitivos y sensibles. Campesinos que al regresar de su tarea del campo, se sentaban a leer y a tocar el piano. En España no hay pueblo de tan fina preparación autodidacta, ni de esa ansiedad de espiritual perfeccionamiento.

Cuando el matrimonio García Lorca se trasladó a Asquerosa, ya había nacido Federico. Luego vinieron Francisco, Conchita e Isabelita. Cuatro hijos, todos sanos, alegres, inteligentes y traviesos como todo niño.

Jugaban, correteaban los campos, perseguían polluelos de perdiz o mariposas; cortaban amapolas o espigas de trigo para adornarse con ellas. Sólo la monotonía de la escuela ensombrecía esta existencia tan alegre; pero a la salida se desquitaban, reuniéndose en turbulentos corros y cantando.

Federico era el que tomaba la iniciativa en estas alegres rondas, de cuyo recuerdo estará impregnada toda su obra poética y teatral.

Su infancia se va deslizando entre letras y música que aprendía de su madre. Ha tenido una infancia larga y de ella le ha quedado la alegría, ese optimismo inagotable.

Federico hereda de su madre una gran sensibilidad artística y humana; de su padre, la pasión. También es doña Vicenta Lorca quien le enseña sus primeras letras; después sigue estudiando con el maestro Antonio Rodríguez Espinosa. Luego ingresa a un colegio de Almería. Más tarde, la familia se traslada a Granada, cosa que le permite asistir al Colegio del Sagrado Corazón de Jesús y al Instituto de esa ciudad. Por entonces, los meses de estudio los pasaban en Granada y las vacaciones en Fuente Vaqueros.

Federico es una personalidad polifacética. Su sensibilidad artística va despertando hacia varios cam-

pos; y antes que la poesía, despertó hacia la música. También es su madre la primera maestra en este arte y más de una vez, Federico pensó en consagrarse a la música.

En la Universidad de Granada sigue dos carreras: una, por complacer a su padre: Derecho. Otra, por satisfacción personal: Filosofía y Letras. Aparte de esto continuará con lecciones de guitarra y piano.

Pero, todavía, surgen otras inquietudes que precisarán otro lenguaje: el de la POESIA.

En 1915 empieza a nacer el poeta en García Lorca. Una poesía íntima, de adolescente impulsado por el ansia de crear. En Granada escribe estos versos:

Mi corazón oprimido
siente junto a la alborada
el dolor de sus amores
y el sueño de las distancias...
(Alba)

Los primeros escritos que publica son trabajos en prosa. Por delante va un artículo con motivo del centenario de Zorrilla, en el boletín del Centro Artístico de Granada, en febrero de 1917. Luego, un libro titulado Impresiones y Paisajes, que aparece en Granada en 1918 y que fue el resultado de un viaje de estudios que realizó con otros compañeros de la Universidad. bajo la dirección del catedrático de Teoría del Arte, el año 1917, por las viejas ciudades castellanas. Se nota en esta obra una semejanza al estilo de Gabriel Miró.

En este momento, nuestro joven poeta se proyectaba simultáneamente a través de la poesía, de la prosa, de la música y de la pintura.

Don Fernando de los Ríos, presidente en ese entonces, del Centro Artístico de Granada, al oírlo tocar unas sonatas de Beethoven, se interesó por el joven que tocaba tan "maravillosamente". Y descubrió al mismo tiempo, que no sólo tenía ese talento musical, pues también escribió poesías que anuncia-

10

ban algo muy personal. Desde ese momento se convierte en su mentor espiritual, y entendiendo que la providencia no era lugar propicio para el desarrollo completo de este poeta en ciernes, le aconseja que se marche a Madrid.

García Lorca se va a Madrid en la primavera de 1919, donde pasará los meses de curso hasta 1928. En las vacaciones, tiempo de calor, viajará con su familia hacia el campo.

Durante esos años Federico se hospeda en la famosa Residencia de Estudiantes, donde asiste a algunas clases y a conferencias de los consagrados. Allí, en Madrid, encontró un ambiente propicio para desarrollarse totalmente y convertirse en el artista asombroso que España conoció a través de su obra, poética y teatral.

Al llegar conoció al Madrid de la post-guerra mundial, con grandes deseos de renovación en lo político, social, artístico y literario. En poesía era el momento del Ultraísmo. El arte de vanguardia era el predominante entre los jóvenes. La generación anterior, modernista y del noventa y ocho, seguía también ofreciendo sus frutos, pero los jóvenes sentían más admiración por escritores como Juan Ramón Jiménez, Antonio Machado, Ortega y Gasset, Gabriel Miró y Ramón Gómez de la Serna, por encontrarlos más afines a su propia sensibilidad.

Federico García Lorca prefirió seguir un camino distinto, aunque tuvo amistad y contacto con los poetas ultraístas.

En la Residencia Universitaria y en las tertulias del Café Alameda, en Madrid, Lorca entabló amistad con los artistas jóvenes más notables y con los ya consagrados. Allí conoció al pintor Salvador Dalí y al cineasta Luis Buñuel.

Pronto Federico se ocupó en proyectarse más y más, como poeta, músico, folklorista, dibujante, conferenciante y dramaturgo.

Entre los años 1919 y 1928 realizó sus inmortales aportaciones al teatro y a la poesía españoles. La primera poesía que publica, Balada de la Placeta, *aparece en la* Antologia de la Poesía Española de la Novela corta, *en* 1919.

El primer intento dramático, titulado El maleficio de la mariposa, *se estrena y fracasa el 22 de marzo de 1920. Al año siguiente publica su primer libro poético,* El libro de poemas.

En 1923 obtiene su grado de Licenciado en Derecho en la Universidad de Granada. Al año siguiente empieza a escribir El romancero. *En 1925 ha terminado su* Mariana Pineda. *En 1927 resuelve publicar* Canciones. *Al mismo tiempo se estrena en Barcelona y luego en Madrid su* Mariana Pineda *y se inicia en la Residencia de Estudiantes como conferenciante.*

El año 1928 marca algo trascendental en la vida del poeta: La publicación del Romancero Gitano. *Rápido llega el éxito y elogio de la crítica. La primera edición se agota rápidamente, y al año siguiente, 1929, se publica una segunda edición del* Romancero.

La casualidad de una visita de don Fernando de los Ríos y el estado de ánimo un tanto crítico de Federico, motivaron su primer viaje fuera de la Patria.

Viajó a New York en el verano de 1929, habiendo pasado antes por París, Londres, Oxford y Escocia. García Lorca buscó la compañía de españoles que radicaban allí o se encontraban de paso, como León Felipe, Federico de Onís, Angel del Río, Dámaso Alonso, la bailarina argentina Antonia Merced y el torero Ignacio Sánchez Mejías.

Asistió como estudiante y a la vez conferencista a la Universidad de Columbia. A fines del verano pasó una temporada en el campo, en las Catskill Mountains, y en el otoño volvió a la Universidad de Columbia. En New York escribió gran parte de La zapatera prodigiosa. *Pero donde manifiesta el choque de su espíritu con el ambiente de la gran ciudad es en* Poeta en New York.

Antes de regresar a España, va a Cuba en 1930, donde pronuncia cuatro conferencias, invitado por la Institución Hispano Cubana de Cultura. En Cuba escribe varios poemas. En el verano regresa a su Patria y estrena la versión de cámara de La zapatera prodigiosa, en el Teatro Español de Madrid.

Al año siguiente publica Poema del cante jondo.

En 1931 se proclama la República española, y en 1933 don Fernando de los Ríos era ministro de Instrucción Pública. Este insinúa a Federico y a Eduardo Ugarte, la organización del teatro estudiantil "La Barraca". Constituido el elenco con los estudiantes de la Universidad de Madrid, García Lorca recorrió todos los rincones de España. Bodas de sangre también se estrena este año (1933), marcando su primer auténtico triunfo en el teatro, como antes lo hiciera El romancero, en poesía.

En octubre de 1933, Federico viaja a Buenos Aires, reclamado por el éxito del estreno alcanzado por Bodas de sangre, puesta en escena por la compañía de Lola Membrives. Allí permanece hasta marzo de 1934; pronuncia tres conferencias y lee públicamente algunas de sus poesías de Poeta en New York. También se representan Mariana Pineda y La zapatera prodigiosa, y, además, dirige La Dama Boba, reactualizando a Lope de Vega.

De vuelta a España llega justamente al estreno de Yerma, en 1934. Al año siguiente, Margarita Xirgu protagoniza el personaje de Doña Rosita la soltera. También en este período Federico escribe Llanto por Ignacio Sánchez Mejías, como elegía a la muerte de su amigo torero, ocurrida el año anterior. También se estrena la versión ampliada de La zapatera prodigiosa en el Coliseum de Madrid.

En la primavera de 1936 el poeta estaba en su plenitud. Ha terminado una nueva obra: La casa de Bernarda Alba.

Margarita Xirgu, desde México, dónde estaba representando obras clásicas y dando a conocer las de García Lorca, le dirige una invitación para que asista en persona al estreno de sus obras. El 10 de junio de 1936 García Lorca había manifestado su viaje inminente a México y no se sabe cuál sería *el móvil que cambió sus planes; ya que el 16 de julio de 1936 abandonó Madrid rumbo a Granada, donde estaba en prensa, por la Universidad, un nuevo libro de poesías:* Diván del Tamarit.

El 17 de julio estalla el movimiento militar-falangista contra la República, y una de las primeras noticias trágicas que recorre el mundo, es el fusilamiento de Federico García Lorca.

Don Manuel de Falla, al llegar a Buenos Aires comenta aún consternado a José Moro, amigo común de él y Federico, algunos rumores que oyó sobre la muerte de éste.

Según Falla, Lorca había sido descubierto en casa de un amigo y estaba preso. No se sabía cómo, si por un error o por venganza personal lo habían descubierto. Luego, el poeta había sido sacado de su prisión al amanecer para ser llevado al lugar del sacrificio en las laderas de la sierra.

En la serenidad de la mañana, los caminos que recorrió fueron los mismos de sus alegres correrías de estudiante.

Para la inmensa comparsa de sus asesinos anónimos, García Lorca será la Imagen Viva del Sacrificio Inocente.

Después de casi cuarenta años de su muerte, todavía hoy no se sabe ni siquiera el lugar de su sepultura, todo es ocultam.

COMENTARIOS

Todo creador auténtico tiene por añadidura a su labor específica, aptitudes para otras artes que le atraen. Arriesgando su reputación de poeta puro, García Lorca se revela en sus versos como excelente pintor. Lo pregona con mucha claridad su obsesión por nombrar los colores.

ROMANCE DE LA LUNA LUNA

La luna toma un papel simbólico de cómplice y personificación máxima del maleficio. Además aquí se da la polaridad de vida y muerte.

Hay reiteración de la palabra luna. Luego nos describe primero la aparición del astro con un determinado color: "con su polizón de nardos".

Seguidamente hay un interludio en el que continúan los presagios, mientras se actualiza el conjuro. Viene el diálogo preparando el desenlace.

Por último, tenemos una intensificación del presagio y el triunfo de la fuerza oscura.

Podemos apreciar también en este poema su preferencia por la noche. Las repeticiones intensivas:

"el niño la mira, mira..."
"el aire la vela, vela".

HAY PERSONIFICACION:

...mueve la luna sus brazos...
y enseña lúbrica y pura,
sus senos de duro estaño.

DIALOGO:

niño, déjame que baile...

ROMANCE SONAMBULO

Es una de las muestras más evidentes de la pasión repetida por el color.

Veinticuatro veces nombra el color verde como una especie de letanía al romance. Este color se presenta aquí como paisaje de fondo que sirve de decoración a los personajes "de verde carne", "pelo verde", formando armonía de color con una serie de matices de gama verdosa.

Verde que te quiero verde.
Verde viento, verde ramas.

El ambiente siniestro que al principio se sugiere, es como un redoble cada vez más cercano al trágico fin de la gitana que se ahoga en el pozo.

Lo más sorprendente es el valor de la fantasía poética y la eficacia con que Lorca sabe recrear simples hechos, como el suicidio por despecho o por pena.

HAY PERSONIFICACION:

Las cosas la están mirando...
La higuera frota su viento
con la lija de sus ramas...

HAY SIMBOLISMO:

> Soñando en la mar amarga...
> (Profunda tristeza.)

HAY DIALOGO:

> Compadre, vengo sangrando...

HAY INSINUACION DEL COLOR ROJO:

> No ves la herida que tengo
> desde el pecho a la garganta...

HAY METAFORA:

> Trescientas rosas morenas
> lleva tu pechera blanca...

HAY SIMBOLO: *La luna aparece como símbolo siniestro que acompaña el trágico fin de la gitana.*

HAY REITERACION:

> ¡Cuántas veces te esperó!
> ¡Cuántas veces te esperara!

LA MONJA GITANA

Aquí las palabras describen en función de signos agoreros.

Encontramos un erotismo solapado y una actitud pagana en contraposición a la religión espiritualizada.

Lorca crea aquí símbolos que se elevan muy por encima de la realidad concretas Azafranes: Soles.

HAY COMPARACION:

> La iglesia
> como un oso panza arriba...

HAY PERSONIFICACION:

> ¡Qué ríos puestos de pie!

MUERTE DE ANTOÑITO EL CAMBORIO

En su referencia de colores del poeta, al verde le sigue el rojo, que sugiere y que nombra:

> Bañó con sangre enemiga
> su corbata carmesí...
> Voz de clavel varonil...
> Fueron tres golpes de sangre...

Después el pintor, no sólo colorea al gitano y su indumentaria, sino que además vemos al dibujante delineando un perfil.

APREHENSION DE ANTOÑITO EL CAMBORIO

En esa agua que se va poniendo de oro, hay una plasticidad de un cuadro al óleo con todos sus matices:

> A la mitad del camino
> cortó limones redondos,
> y los fue tirando al agua
> hasta que la puso de oro.

HAY REITERACION:

> A la mitad del camino...
> Y a la mitad del camino...
> A las nueve de la noche...
> Y a las nueve de la noche...

HAY COMPARACION:

> Mientras el cielo reluce
> Como la grupa de un potro...

ROMANCE DE LA PENA NEGRA

El color amarillo es como una venda que quisiera cubrir, disimulando con la alegría de su tono, esa profunda herida roja que desde su primer libro de la adolescencia, hasta el último de su joven madurez, se va agrandando, hasta causarle la trágica muerte que él ha ido presintiendo en toda su poesía, acercándose a ella como alucinado.

HAY METAFORAS:

> Cobre amarillo su carne...

Este romance es la personificación de la pena gitana.

HAY PERSONIFICACION:

> Por abajo canta el río...
> La nueva luz se corona...

HAY REITERACION:

> ¡Oh pena de los gitanos!
> Pena limpia y siempre sola.
> ¡Oh pena de carne oculta...!

ROMANCE DE LA GUARDIA CIVIL

En este poema el negro es como un muro de tristeza y de dolor. Todo es negro en él.

> Los caballos negros son...
> Las herraduras son negras...

HAY METAFORA:

> Con el alma de charol...
> Silencios de goma oscura...

HAY REITERACION:

> Cuando llegaba la noche...
> Noche qué noche nochera.
> En la noche platinoche
> Noche qué noche nochera...

HAY PERSONIFICACION:

El viento vuelve desnudo...

Observamos que hay ciertas constantes en la poesía lírica de Lorca:

    a) Un talante de niñez
    b) Un cierto apego a lo auténtico
    c) Un desazón existencial.

POESIA

Por fechas de publicación, el orden cronológico de sus libros de poesía es el siguiente:

Libro de poemas. Maroto, Madrid, 1921.

CANCIONES

LITORAL. *Málaga, 1927.*

ROMANCERO GITANO. *Revista de Occidente. Madrid, 1928.*

POEMA DEL CANTE HONDO. *CIAP Madrid, 1931.*

LLANTO POR IGNACIO SANCHEZ MEJIAS. *Cruz y Raya. Madrid, 1935.*

POETA EN NEW YORK. *Séneca. México, 1940.*

DIVAN DEL TAMARIT. *Losada. Buenos Aires, 1940.*

Para apreciar mejor la evolución de su línea poética, es necesario seguir en orden cronológico de composición tales poesías.

LIBRO DE POEMAS

Este libro reúne sus poesías de adolescencia y juventud.

Los temas así como las formas, son variadas. La gran mayoría de estas páginas, están dentro de lo sentimental, mostrando una preferencia por la emo-

ción poética al contacto con la naturaleza. Los amaneceres, la lluvia, los árboles, los seres sencillos de la creación, incurren frecuentemente en estas poesías.

La variedad de las formas y los temas, la falta de unidad y el desórden que se puede apreciar en esta obra, revelan al poeta inmaduro.

Fuera de Juan Ramón Jiménez, su maestro en la sencillez de las formas y en los temas íntimo-sentimentales, otras influencias no se advierten fácilmente en este libro. Sin embargo, otros poetas del momento que influyeron en él son: Emilio Carrere, Ramón del Valle Inclán, Manuel y Antonio Machado. También hay resabios románticos de Bécquer y Campoamor.

Desde esta iniciación poética García Lorca ya incorpora las formas eternas de las manifestaciones populares en su país. Las canciones, mezcladas con sus recuerdos infantiles, la frescura perenne del Romancero Español, inspiran sus mejores poesías en este libro.

El triunfo de la imagen y de la metáfora también es aquí otra de las características importantes. Desde el comienzo Lorca se presenta como un poeta original que sabe apreciar el valor de la metáfora y de la imagen.

CANCIONES

El paso inmediato lo lleva hacia la máxima simplificación lírica con predominio de lo musical. Aquí se advierte el progreso que marca en la lírica García Lorca en su segundo libro, en el que se encuentra el germen de toda su poesía posterior.

Las formas y los temas siguen siendo muy variados, pero ya se nota la línea ascendente de un ordenamiento largamente meditado.

Aunque *García Lorca nos da como fecha de creación la del año 1921 para este libro, es de suponer
que se trata del más elaborado de todos sus libros
ya que fue el que más tardó en publicarse* (1931)

La pauta que sigue este libro es totalmente dis-
tinta. Aquí García Lorca nos ofrece ya una unidad
constituida en torno de las manifestaciones populares de la música andaluza. Diríase que busca en
poesía la raíz misma de lo andaluz, sin detenerse
en lo pintoresco o en lo anecdótico. La lamentación
de la copla andaluza. El quejido saeta que se canta
en las procesiones religiosas sin acompañamiento
musical; la profunda melancolía de la tierra andaluza se plasma en estas poesías, donde el dramatismo se prende como un sollozo o un quejido.

ROMANCERO GITANO

Las diversas manifestaciones que se han señala-
do en los libros anteriores, como evolución de la
lírica de García Lorca van a aparecer fundidas en
una forma nueva, superada en el Romancero Gitano (1928), en el cual culmina la fase propiamente
andaluza de su obra poética.

Con el Romancero García Lorca llega a la plenitud de su expresión poética. Es su obra más lo-
grada.

El libro no contiene más que dieciocho romances,
tres de ellos históricos, es decir más alejados de la
realidad inmediata que los quince restantes. Sin
embargo, el Romancero tiene un gran equilibrio.

El acierto en las metáforas y en las imágenes es
definitivo: "Polisón de nardos", "bronce y sueño,
los gitanos", "los yunques sonámbulos", "alma de
charol", etc. Así el romance popular adquiere reno-
vada vitalidad entre el equilibrio pleno de lo popular y lo culto.

En el Romancero Gitano los protagonistas son

arrastrados por una eterna pesadilla. Van luchando entre la vida y la muerte. Lo encontramos a través de palabras enigmáticas, imágenes misteriosas y símbolos repetidos, sin menoscabo de su eficacia poética.

La luna toma un papel simbólico de personificación máxima del maleficio o del amor.

La naranja es emblema de amor y felicidad, aquí sobre todo es donde realza la fantasía creadora, nunca igualada en la poesía española.

La tradición de realismo se advierte en el ahora y aquí.

El simbolismo: Un objeto o un ser que retratan una situación, un anhelo o un estado de ánimo. Puede ser un árbol, el viento, el barco, etcétera.

El emblema existe en la canción tradicional o folklórica. Un simbolismo más concreto es éste: una flor, un pájaro, una yerba, avellana, romero, trébol, verbena, olivos, manzanos, limón, clavel, etcétera.

El amor encendido es la naranja. El desabrimiento o amargura del amor es el limón.

Recreación de simples hechos. Una venganza pasional, un gitano apuñalado en el recodo del camino, etcétera.

MENCION INDIRECTA

En otra característica de la canción popular y tradicional. La narración indirecta es a base de símbolos o sin ellos en forma de parábolas.

ESTRIBILLOS CONCENTRADOS

La poesía tradicional, los romances y villancicos, tienden a la máxima concentración.

METAFORAS

Lorca es el máximo representante de la metáfora y coincide mucho en eso con Góngora.

Participación de la naturaleza en las congojas humanas. La naturaleza aquí no es sólo un marco de paisaje sino que forma parte de la acción.

El Romancero *logra el triunfo completo de la realidad sensual. Paisajes, plantas, astros, no aparecen como elementos descriptivos; sino que hablan y sugieren por sí mismos. Son emisarios y ecos del cielo y están poseídos de una misteriosa fuerza cósmica.*

La naturaleza se refleja poéticamente salvaje y agresiva, como los humanos que viven en su ámbito.

Ya es más que personificación, es un antropomorfismo plástico y sensorial que lo abarca todo. Su insistencia es el gran acierto del poeta.

SE OBSERVA ADEMAS:

> Inclinación por la noche.
> Comparaciones.
> Usos del habla corriente.

RESORTE INFANTIL DEL NUMERO FIJO Y DEL PORMENOR SIN IMPORTANCIA:

> Alrededor de sus pies
> cinco palomas heladas.

PARALELISMO POPULAR POR CONTRASTE:

> Alto va la luna,
> bajo corre el cielo...

AIRE TRADICIONAL:

Usa el estribillo y glosa la copla y estribillo.

La coincidencia de dos temas opuestos es tal vez la clase de Romancero. *Lo real con lo irreal; lo sagrado con lo profano; la gracia con el dramatismo y no menos importante es la contraposición que hace de otros dos extremos:* La vida y la muerte.

Como se ha visto, en el Romancero encontramos ya una expresión suprarrealizada. Es decir, se nota una clara tendencia al suprarrealismo; en Poeta en New York se sigue esta misma línea. El poeta se abandona enteramente a esta forma, porque parece ser la única que le permite dar rienda suelta a su confusión, ocasionada por el contraste tremendo de la ciudad de New York con su Andalucía y aún con Madrid.

Poeta en New York es un libro de soledad, de dolor, de extravío. El poeta allí se identificará con los negros.

LLANTO POR IGNACIO SANCHEZ MEJIAS

Por el año 1935 escribe esta elegía, tributo de amistad y admiración al torero muerto trágicamente en el ruedo (1934), aunque García Lorca estaba un tanto alejado de la creación poética; sin embargo, el dolor por el amigo desaparecido, lo hará retornar a su poesía. Esta obra vino a ser la síntesis de todos los valores poéticos que le preceden. La arquitectura es poderosa y rítmica. Los motivos y formas variables de sus cuatro tiempos se desarrollan pausados como en una gran sonata. Trata el tema popular en forma estilística. La imagen directa se funde con la imagen surrealista envolviendo la hora nefasta en una luz distante de sueño.

DIVAN DEL TAMARIT

Es su obra póstuma. En ella García Lorca ensayaba una nueva modalidad poética. Trataba de enlazar su expresión andaluza moderna con la de los árabes de Granada, la primitiva poesía árabe-andaluza.

La Huerta del Tamarit, en Granada, era por esos años un sitio preferido por García Lorca para estar en soledad y aislamiento. A eso obedece el título.

Federico canta con voz propia. Ahí está su secreto. En el Libro de Poemas es Modernista.

En Canciones *toma un tono Cubista.*

En el Romancero Gitano *es Gongorino.*

En Poeta en New York *usa un tono simbólico que los críticos han llamado Superrealista.*

TEATRO

El orden cronológico en que García Lorca escribió sus obras teatrales es el siguiente:

El Maleficio de la Mariposa. Los Títeres de Cachiporra y Mariana Pineda, 1925.

Amor de don Perlimplín con Belisa en su Jardín, 1928.

La Zapatera Prodigiosa, 1930.

Retablillo de don Cristóbal, 1931.

Así que pasen cinco años, 1931.

Bodas de sangre, 1933.

Yerma, 1934.

Doña Rosita o el Lenguaje de las Flores, 1935.
La Casa de Bernarda Alba, 1936.

El Retablillo de don Cristóbal y los Títeres de Cachiporra, son variación sobre un mismo tema: *El teatro de marionetas.*

El amor de don Perlimplín con Belisa en su Jardín, *también está dentro de la farsa tradicional de títeres.*

El Maleficio de la Mariposa, *viene a ser el equivalente en el teatro de su primera época poética. Es una fábula infantil con un fondo de poesía, escrita totalmente en verso; sus personajes son insectos de un bosque.*

La Zapatera Prodigiosa, *puede considerarse como la más importante de este grupo. Tiene como antecedente El Sombrero de tres picos de Alarcón, en cuya adaptación en forma de ballet colaboró García Lorca.*

Mariana Pineda. *Con esta obra se inició realmente la producción dramática de García Lorca. Representa el primer lugar de una serie de personajes femeninos que destacan a través de todo su teatro. Hay pasajes de bello lirismo, en que poesía y acción se complementan debidamente.*

Bodas de Sangre. *Para muchos de sus críticos está considerada como la mejor de sus obras dramáticas. Marca el logro de su plenitud como autor dramático. Su equivalente en poesía es* El romancero.

Esta es la primera de sus tragedias poéticas que restaura el sentido clásico de la tragedia, pero con modernismo. Lorca se basa en un suceso real. Esta tragedia trata de temas elementales: sensualidad, pasión, odio, venganza y fatalidad. Lo lírico y lo dramático encuentran un equilibrio perfecto.

Bodas de Sangre *representa el drama de la maternidad vencida. La madre que ha ido perdiendo uno a uno los miembros masculinos de su familia, hasta enterrar al único hijo que le queda.*

Yerma. *Siguiendo la pauta iniciada por* Bodas de Sangre, *Federico emplea una concepción y una técnica parecida a* Yerma. *Los elementos líricos no pesan tanto.*

Yerma *tiene también alientos de tragedia clásica. Pero aquí no se plantea la tragedia de una venganza, sino la tragedia de la* infecundidad.

Yerma *representa el drama de la maternidad frustrada, el drama de una mujer que reclama sus derechos. En* Yerma *la tragedia se anuncia en cosas abstractas.*

Doña Rosita la Soltera. *Haciendo un paréntesis entre sus dramas poéticos y su tragedia póstuma, García Lorca vuelve a la evocación romántica, al escribir esta comedia.*

En Doña Rosita *encontramos otro tipo de mujer, otro tipo de tragedia. Aquí la tragedia es íntima y dolorosa. En este caso es el drama de la soltería. El drama de todas aquellas mujeres que no llegan a convertirse ni en esposas ni en madres.*

La Casa de Bernarda Alba. *Esta obra, estrenada*

póstumamente en Buenos Aires en 1945, por la compañía de Margarita Xirgu, actriz para la que García Lorca escribió la mayor parte de sus obras, es la más realista de todas. En ella, García Lorca prescindió por completo de la poesía.

Representa una concepción teatral más avanzada y un dominio de la técnica más perfecto. Es el drama de las mujeres sin hombre, de la virginidad ahogada.

Con un reparto exclusivamente femenino, García Lorca logra sus mejores caracterizaciones femeninas en La Casa de Bernarda Alba, sobre todo en el personaje de la madre.

BIBLIOGRAFIA

AMADO ALONSO.
Materia y Forma en Poesía.

BIB. ROMANICA HISPANICA.
Edit. Gredos, S. A.
Madrid, 1965.

PLYS JAROSLAW M.
E: lenguaje poético de Federico García Lorca.
Madrid-Gredos. 1955.

GARCIA LORCA, FEDERICO
Obras Completas.
Edit. Aguilar.
Madrid, 1963.

MORA GUARNIDO, JOSE.
Federico García Lorca y su mundo.
Edit. Losada.
Buenos Aires, 1958.

PRIETO MUÑOZ, GREGORIO.
Lorca en color.
Madrid, 1969.

RAMOS GIL, CARLOS.
Claves líricas de García Lorca.

Edit. Aguilar.
Madrid, 1967.

RAMOS GIL, CARLOS.
Ecos antiguos, Estructuras nuevas de la lírica de
   Lorca.
Bahía Blanca, 1967.

LIBRO DE POEMAS
Y CANCIONES
(1918-1920)

LOS ENCUENTROS
DE UN CARACOL AVENTURERO

Diciembre de 1918. (*Granada.*)

Hay dulzura infantil
En la mañana quieta.
Los árboles extienden
Sus brazos a la tierra.
Un vaho tembloroso
Cubre las sementeras,
Y las arañas tienden
Sus caminos de seda
—Rayas al cristal limpio
Del aire—
    En la alameda
Un manantial recita
Su canto entre las hierbas,
Y el caracol, pacífico
Burgués de la vereda,
Ignorado y humilde,
El paisaje contempla.

La divina quietud
De la Naturaleza
Le dio valor y fe,
y olvidando las penas
De su hogar deseó
Ver el fin de la senda.

Echó a andar e internóse
En un bosque de yedras
Y de ortigas. En medio
Había dos ranas viejas

Que tomaban el sol,
Aburridas y enfermas.

Esos cantos modernos,
Murmuraba una de ellas,
Son inútiles. Todos,
Amiga, le contesta
La otra rana, que estaba
Herida y casi ciega:
Cuando joven creía
Que si al fin Dios oyera
Nuestro canto, tendría
Compasión. Y mi ciencia,
Pues ya he vivido mucho,
Hace que no lo crea.
Yo ya no canto más...

Las dos ranas se quejan
Pidiendo una limosna
A una ranita nueva
Que pasa presumida
Apartando las hierbas.

Ante el bosque sombrío
El caracol se aterra.
Quiere gritar. No puede
Las ranas se le acercan.

¿Es una mariposa?
Dice la casi ciega.
Tiene dos cuernecitos,
La otra rana contesta.
Es el caracol. ¿Vienes,
Caracol, de otras tierras?

Vengo de mi casa y quiero
Volverme muy pronto a ella.
Es un bicho muy cobarde,
Exclama la rana ciega.
¿No cantas nunca? No canto,
Dice el caracol. ¿Ni rezas?
Tampoco: nunca aprendí.
¿Ni crees en la vida eterna?
¿Qué es eso?

        Pues vivir siempre
En el agua más serena,
Junto a una tierra florida
Que a un rico manjar sustenta.
Cuando niño a mí me dijo,
Un día, mi pobre abuela
Que al morirme yo me iría
Sobre las hojas más tiernas
De los árboles más altos.

Una hereje era tu abuela.
La verdad te la decimos
Nosotras. Creerás en ella,
Dicen las ranas furiosas.

   ¿Por qué quise ver la senda?
Gime el caracol. Si creo
Por siempre en la vida eterna
Que predicáis...

        Las ranas,
Muy pensativas, se alejan,
Y el caracol, asustado,
Se va perdiendo en la selva.

Las dos ranas mendigas
Como esfinges se quedan.

Una de ellas pregunta:
¿Crees tú en la vida eterna?
Yo no, dice muy triste
La rana herida y ciega.
¿Por qué hemos dicho, entonces,
Al caracol que crea?
Porque... No sé por qué,
Dice la rana ciega.
Me lleno de emoción
Al sentir la firmeza
Con que llaman mis hijos
A Dios desde la acequia...

El pobre caracol
Vuelve atrás. Ya en la senda
Un silencio ondulado
Mana de la alameda.
Con un grupo de hormigas
Encarnadas se encuentra.
Van muy alborotadas,
Arrastrando tras ellas
A otra hormiga que tiene
Tronchadas las antenas.
El caracol exclama:
Hormiguitas, paciencia.
¿Por qué así maltratáis
A vuestra compañera?
Contadme lo que ha hecho.
Yo juzgaré en conciencia.
Cuéntalo tú, hormiguita.

La hormiga medio muerta,
Dice muy tristemente:
Yo he visto las estrellas.
¿Qué son estrellas?, dicen
Las hormigas inquietas.

Y el caracol pregunta
Pensativo: ¿Estrellas?
Sí, repite la hormiga,
He visto las estrellas.
Subí al árbol más alto
Que tiene la alameda
Y vi miles de ojos
Dentro de mis tinieblas.
El caracol pregunta:
¿Pero qué son estrellas?
Son luces que llevamos
Sobre nuestra cabeza.
Nosotras no las vemos,
Las hormigas comentan.
Y el caracol: Mi vista
Sólo alcanza a las hierbas.

Las hormigas exclaman
Moviendo sus antenas:
Te mataremos, eres
Perezosa y perversa.
El trabajo es tu ley.

Yo he visto a las estrellas,
Dice la hormiga herida.
Y el caracol sentencia:
Dejadla que se vaya,
Seguid vuestras faenas.
Es fácil que muy pronto
Ya rendida se muera.

Por el aire dulzón
Ha cruzado una abeja.
La hormiga agonizando
Huele la tarde inmensa

Y dice: Es la que viene
A llevarme a una estrella.

Las demás hormiguitas
Huyen al verla muerta.

El caracol suspira
Y aturdido se aleja
Lleno de confusión
Por lo eterno. La senda
No tiene fin, exclama.
Acaso a las estrellas
Se llegue por aquí.
Pero mi gran torpeza
Me impedirá llegar.
No hay que pensar en ellas.

Todo estaba brumoso
De sol débil y niebla.
Campanarios lejanos
Llaman gente a la iglesia.
Y el caracol, pacífico
Burgués de la vereda,
Aturdido e inquieto
El paisaje contempla.

CANCION OTOÑAL

Noviembre de 1918. (*Granada.*)

Hoy siento en el corazón
Un vago temblor de estrellas,
Pero mi senda se pierde
En el alma de la niebla.

La luz me troncha las alas
Y el dolor de mi tristeza
Va mojando los recuerdos
En la fuente de la idea.

Todas las rosas son blancas,
Tan blancas como mi pena,
Y no son las rosas blancas,
Que ha nevado sobre ellas.
Antes tuvieron el iris.
También sobre el alma nieva.
La nieve del alma tiene
Copos de besos y escenas
Que se hundieron en la sombra
O en la luz del que las piensa.

La nieve cae de las rosas
Pero la del alma queda,
Y la garra de los años
Hace un sudario con ellas.

¿Se deshelará la nieve
Cuando la muerte nos lleva?
¿O después habrá otra nieve
Y otras rosas más perfectas?

¿Será la paz con nosotros
Como Cristo nos enseña?
¿O nunca será posible
La solución del problema?

¿Y si el Amor nos engaña?
¿Quién la vida nos alienta
Si el crepúsculo nos hunde
En la verdadera ciencia

Del Bien que quizá no exista
Y del Mal que late cerca?

¿Si la esperanza se apaga
Y la Babel se comienza
Qué antorcha iluminará
Los caminos en la Tierra?

¿Si el azul es un ensueño
Qué será de la inocencia?
¿Qué será del corazón
Si el Amor no tiene flechas?

¿Y si la muerte es la muerte
Qué será de los poetas
Y de las cosas dormidas
Que ya nadie las recuerda?
¡Oh, sol de las esperanzas!
¡Agua clara! ¡Luna nueva!
¡Corazones de los niños!
¡Almas rudas las piedras!
Hoy siento en el corazón
Un vago temblor de estrellas
Y todas las rosas son
Tan blancas como mi pena.

BALADA TRISTE

(Pequeño Poema)

Abril de 1918. (*Granada.*)

¡Mi corazón es una mariposa,
Niños buenos del prado!,

42

Que presa por la araña gris del tiempo
Tiene el polen fatal del desengaño.

De niño yo canté como vosotros,
Niños buenos del prado,
Solté mi gavilán con las temibles
Cuatro uñas de gato.
Pasé por el jardín de Cartagena
La verbena invocando
Y perdí la sortija de mi dicha
Al pasar el arroyo imaginario.

Fui también caballero
Una tarde fresquita de mayo.
Ella era entonces para mí el enigma,
Estrella azul sobre mi pecho intacto.
Cabalgué lentamente hacia los cielos,
Era un domingo de pipirigallo,
Y vi que en vez de rosas y claveles
Ella tronchaba lirios con sus manos.

Yo siempre fui intranquilo,
Niños buenos del prado,
El *ella* del romance me sumía
En ensoñares claros.
¿Quién será la que corta los claveles
Y las rosas de mayo?
¿Y por qué la verán sólo los niños
A lomos de Pegaso?
¿Será esa misma la que en los rondones
Con tristeza llamamos
Estrella, suplicándole que salga
A danzar por el campo?...

En abril de mi infancia yo cantaba,
Niños buenos del prado,

La *ella* impenetrable del romance
Donde sale Pegaso.
Yo decía en las noches la tristeza
De mi amor ignorado,
Y la luna lunera ¡qué sonrisa
Ponía entre sus labios!
¿Quién será la que corta los claveles
Y las rosas de mayo?
Y de aquella chiquita, tan bonita,
Que su madre ha casado.
¿En qué oculto rincón de cementerio
Dormirá su fracaso?

Yo solo con mi amor desconocido,
Sin corazón, sin llantos,
Hacia el techo imposible de los cielos
Con un gran sol por báculo.
¡Qué tristeza tan seria me da sombra!
Niños buenos del prado,
Cómo recuerda dulce el corazón
Los días ya lejanos...
¿Quién será la que corta los claveles
y las rosas de mayo?

MAÑANA

7 de agosto de 1918.

(*Fuente Vaqueros, Granada.*)

Y la canción del agua
Es una cosa eterna.

Es la savia entrañable
Que madura los campos.
Es sangre de poetas
Que dejaron sus almas
Perderse en los senderos
De la Naturaleza.

¡Qué armonías derrama
Al brotar de la peña!
Se abandona a los hombres
Con sus dulces cadencias.

La mañana está clara.
Los hogares humean,
Y son los humos brazos
Que levanta la niebla.
Escuchad los romances
Del agua en las choperas.
¡Son pájaros sin alas
Perdidos entre hierbas!

Los árboles que cantan
Se tronchan y se secan.
Y se tornan llanuras
Las montañas serenas.
Mas la canción del agua
Es una cosa eterna.

Ella es luz hecha canto
De ilusiones románticas.
Ella es firme y suave
Llena de cielo y mansa.
Ella es niebla y es rosa
De la eterna mañana.
Miel de luna que fluye
De estrellas enterradas.

¿Qué es el santo bautismo,
Sino Dios hecho agua
Que nos unge las frentes
Con su sangre de gracia?
Por algo Jesucristo
En ella confirmóse,
Por algo las estrellas
En sus ondas descansan.
Por algo madre Venus
En su seno engendróse,
Que amor de amor tomamos
Cuando bebemos agua.
Es el amor que corre
Todo manso y divino,
Es la vida del mundo,
La historia de su alma.

Ella lleva secretos
De las bocas humanas,
Pues todos la besamos
Y la sed nos apaga.
Es un arca de besos
De bocas ya cerradas,
Es eterna cautiva,
Del corazón hermana.

Cristo debió decirnos:
"Confesaos con el agua
De todos los dolores,
De todas las infamias.
¿A quién mejor, hermanos,
Entregar nuestras ansias
Que a ella que sube al cielo
En envolturas blancas?

No hay estado perfecto
Como al tomar el agua,
Nos volvemos más niños
Y más buenos: y pasan
Nuestras penas vestidas
Con rosadas guirnaldas.
Y los ojos se pierden
En regiones doradas.
¡Oh, fortuna divina
Por ninguno ignorada!
Agua dulce en que tantos
Sus espíritus lavan,
No hay nada comparable
Con tus orillas santas
Si una tristeza honda
Nos ha dado sus alas.

LA SOMBRA DE MI ALMA

Diciembre de 1919. (*Madrid.*)

La sombra de mi alma
Huye por un ocaso de alfabetos,
Niebla de libros
Y palabras.

¡La sombra de mi alma!

He llegado a la línea donde cesa
La nostalgia
Y la gota de llanto se transforma
Alabastro de espíritu.

¡La sombra de mi alma!

El copo del dolor
Se acaba.
Pero queda la razón y la sustancia
De mi viejo mediodía de labios,
De mi viejo mediodía
De miradas.

Un turbio laberinto
De estrellas ahumadas
Enreda mi ilusión
Casi marchita.

¡La sombra de mi alma!

Y una alucinación
Me ordeña las miradas.
Veo la palabra amor
Desmoronada.

¡Ruiseñor mío!
¡Ruiseñor!
¿Aún cantas?

LLUVIA

Enero de 1919. (*Granada.*)

La lluvia tiene un vago secreto de ternura,
Algo de soñolencia resignada y amable.
Una música humilde se despierta con ella
Que hace vibrar el alma dormida del paisaje.

Es un besar azul que recibe la Tierra,
El mito primitivo que vuelve a realizarse.

El contacto ya frío de cielo y tierra viejos
Con una mansedumbre de atardecer constante.

Es la aurora del fruto. La que nos trae las flores
Y nos unge de espíritu santo de los mares.
La que derrama vida sobre las sementeras
Y en el alma tristeza de lo que no se sabe.

La nostalgia terrible de una vida perdida,
El fatal sentimiento de haber nacido tarde,
O la ilusión inquieta de un mañana imposible
Con la inquietud cercana del dolor de la carne.

El amor se despierta en el gris de su ritmo,
Nuestro cielo interior tiene un triunfo de sangre,
Pero nuestro optimismo se convierte en tristeza,
Al contemplar las gotas muertas en los cristales.

Y son las gotas ojos de infinito que miran
Al infinito blanco que les sirvió de madre.

Cada gota de lluvia tiembla en el cristal turbio
Y le dejan divinas heridas de diamante.
Son poetas del agua que han visto y que meditan
Lo que la muchedumbre de los ríos no sabe.

¡Oh, lluvia silenciosa, sin tormentas ni vientos,
Lluvia mansa y serena de esquila y luz suave,
Lluvia buena y pacífica que eres la verdadera,
La que amorosa y triste sobre las cosas caes!

¡Oh, lluvia franciscana que llevas a tus gotas
Almas de fuentes claras y humildes manantiales!
Cuando sobre los campos desciendes lentamente
Las rosas de mi pecho con tus sonidos abres.

El canto primitivo que d
Y la historia sonora que cue
Los comenta llorando mi cora
En un negro y profundo pentag

Mi alma tiene tristeza de la lluv
Tristeza resignada de cosa irrealiza
Tengo en el horizonte un lucero enc
Y el corazón me impide que corra a co

¡Oh, lluvia silenciosa que los árboles aman
Y eres sobre el piano dulzura emocionante.
Das al alma las mismas nieblas y resonancias
Que pones en el alma dormida del paisaje!

SI MIS MANOS
PUDIERAN DESHOJAR

10 de noviembre de 1919. (*Granada.*)

Yo pronuncio tu nombre
En las noches oscuras,
Cuando vienen los astros
A beber en la luna
Y duermen los ramajes
De las frondas ocultas.
Y yo me siento hueco
De pasión y de música.
Loco reloj que canta
Muertas horas antiguas.

Yo pronuncio tu nombre,
En esta noche oscura,
Y tu nombre me suena

...no que nunca.
...lejano que todas las estrellas
...más doliente que la mansa lluvia.

¿Te querré como entonces
Alguna vez? ¿Qué culpa
tiene mi corazón?
Si la niebla se esfuma
¿Qué otra pasión me espera?
¿Será tranquila y pura?
¡¡Si mis dedos pudieran
Deshojar a la luna!!

ELEGIA

Diciembre de 1918. (*Granada.*)

Como un incensario lleno de deseos,
Pasas en la tarde luminosa y clara
Con la carne oscura de nardo marchito
Y el sexo potente sobre tu mirada.

Llevas en la boca tu melancolía
De pureza muerta, y en la dionisiaca
Copa de tu vientre la araña que teje
El velo infecundo que cubre la entraña
Nunca florecida con las vivas rosas
Fruto de los besos.

En tus manos blancas
Llevas la madeja de tus ilusiones,
Muertas para siempre, y sobre tu alma
La pasión hambrienta de besos de fuego
Y tu amor de madre que sueña lejanas

Visiones de cunas en ambientes quietos,
Hilando en los labios lo azul de la nana.

Como Ceres dieras tus espigas de oro
Si el amor dormido tu cuerpo tocara,
Y como la virgen María pudieras
Brotar de tus senos otra vía láctea.

Te marchitarás como la magnolia.
Nadie besará tus muslos de brasa.
Ni a tu cabellera llegarán los dedos
Que la pulsen como las cuerdas de un arpa.

¡Oh, mujer potente de ébano y de nardo!
Cuyo aliento tiene blancor de biznagas.
Venus del mantón de Manila que sabe
Del vino de Málaga y de la guitarra.

¡Oh, cisne moreno!, cuyo lago tiene
Lotos de saetas, olas de naranjas
Y espumas de rojos claveles que aroman
Los nidos marchitos que hay bajo sus alas.

Nadie te fecunda. Mártir andaluza,
Tus besos debieron ser bajo una parra
Plenos del silencio que tiene la noche
Y del ritmo turbio del agua estancada.

Pero tus ojeras se van agrandando
Y tu pelo negro va siendo de plata;
Tus senos resbalan escanciando aromas
Y empieza a curvarse tu espléndida espalda.

¡Oh, mujer esbelta, maternal y ardiente!
Virgen dolorosa que tiene clavadas

Todas las estrellas del cielo profundo
En su corazón ya sin esperanza.

Eres el espejo de una Andalucía
Que sufre pasiones gigantes y calla,
Pasiones mecidas por los abanicos
Y por las mantillas sobre las gargantas
Que tienen temblores de sangre, de nieve
Y arañazos rojos hechos por miradas.

Te vas por la niebla del otoño, virgen
Como Inés, Cecilia, y la dulce Clara,
Siendo una bacante que hubiera danzado
De pámpanos verdes y vid cornada.

La tristeza inmensa que flota en tus ojos
Nos dice tu vida rota y fracasada,
La monotonía de tu ambiente pobre
Viendo pasar gente desde tu ventana,
Oyendo la lluvia sobre la amargura
Que tiene la vieja calle provinciana,
Mientras que a lo lejos suenan los clamores
Turbios y confusos de unas campanadas.

Mas en vano escuchaste los acentos del aire.
Nunca llegó a tu oído la dulce serenata.
Detrás de tus cristales aún miras anhelante.
¡Qué tristeza tan honda tendrás dentro del alma
Al sentir en el pecho ya cansado y exhausto
La pasión de una niña recién enamorada!

Tu cuerpo irá a la tumba intacto de emociones.
Sobre la oscura tierra brotará una alborada.
De tus ojos saldrán dos claveles sangrientos
Y de tus senos rosas como la nieve blancas.

Pero tu gran tristeza se irá con las estrellas,
Como otra estrella digna de herirlas y eclipsarlas.

MADRIGAL DE VERANO

Agosto de 1920. (*Vega de Zujaira.*)

Junta tu roja boca con la mía,
¡Oh, Estrella la gitana!
Bajo el oro solar del mediodía
Morderé la manzana.

   En el verde olivar de la colina,
Hay una torre mora
Del color de tu carne campesina
Que sabe a miel y aurora.

   Me ofreces en tu cuerpo requemado,
El divino alimento
Que da flores al cauce sosegado
Y luceros al viento.

   ¿Cómo a mí te entregaste, luz morena?
¿Por qué me diste llenos
De amor tu sexo de azucena
Y el rumor de tus senos?

   ¿No fue por mi figura entristecida?
(¡Oh, mis torpes andares!)
¿Te dio lástima acaso de mi vida,
Marchita de cantares?

   ¿Cómo no has preferido a mis lamentos
Los muslos sudorosos

De un San Cristóbal campesino, lentos
En el amor y hermosos?

Danaide del placer eres conmigo.
Femenino Silvano.
Huelen tus besos como huele el trigo
Reseco del verano.

Entúrbiame los ojos con tu canto.
Deja tu cabellera
Extendida y solemne como un manto
De sombra en la pradera.

Píntame con tu boca ensangrentada
Un cielo del amor,
En un fondo de carne la morada
Estrella de dolor.

Mi pegaso andaluz está cautivo
De tus ojos abiertos,
Volará desolado y pensativo
Cuando los vea muertos.

Y aunque no me quisieras te querría
Por tu mirar sombrío
Como quiere la alondra al nuevo día,
Sólo por el rocío.

Junta tu roja boca con la mía,
¡Oh, Estrella la gitana!
Déjame bajo el claro mediodía
Consumir la manzana.

CANTOS NUEVOS

Agosto de 1920. (*Vega de Zujaira.*)

Dice la tarde: "¡Tengo sed de sombra!"
Dice la luna: "Yo, sed de luceros."
La fuente cristalina pide labios
Y suspiros el viento.

   Yo tengo sed de aromas y de risas,
Sed de cantares nuevos
Sin lunas y sin lirios,
Y sin amores muertos.

   Un cantar de mañana que estremezca
A los remansos quietos
Del porvenir. Y llene de esperanza
Sus ondas y sus cienos.

   Un cantar luminoso y reposado
Pleno de pensamiento,
Virginal de tristezas y de angustias
Y virginal de ensueños.

   Cantar sin carne lírica que llene
De risas el silencio.
(Una bandada de palomas ciegas
Lanzadas al misterio.)

   Cantar que vaya al alma de las cosas
Y al alma de los vientos
Y que descanse al fin de la alegría
Del corazón eterno.

ALBA

Abril de 1919. (*Granada.*)

Mi corazón oprimido
Siente junto a la alborada
El dolor de sus amores
Y el sueño de las distancias.
La luz de la aurora lleva
Semilleros de nostalgias.

Y la tristeza sin ojos
De la médula del alma.
La gran tumba de la noche
Su negro velo levanta
Para ocultar con el día
La inmensa cumbre estrellada.

¡Qué haré yo sobre estos campos
Cogiendo nidos y ramas,
Rodeado de la aurora
Y llena de noche el alma!
¡Qué haré si tienes tus ojos
Muertos a las luces claras
Y no ha de sentir mi carne
El calor de tus miradas!
¿Por qué te perdí por siempre
En aquella tarde clara?
Hoy mi pecho está reseco
Como una estrella apagada.

BALADA
DE UN DÍA DE JULIO

Julio de 1919.

Esquilones de plata
Llevan los bueyes.

—¿Dónde vas, niña mía,
De sol y nieve?

—Voy a las margaritas
Del prado verde.

—El prado está muy lejos
Y miedo tienes.

—Al airón y a la sombra
Mi amor no teme.

—Teme al sol, niña mía,
De sol y nieve.

—Se fue de mis cabellos
Ya para siempre.

—¿Quién eres, blanca niña?
¿De dónde vienes?

—Vengo de los amores
Y de las fuentes.

Esquilones de plata
Llevan los bueyes.

—¿Qué llevas en la boca
Que se te enciende?

—La estrella de mi amante
Que vive y muere.

—¿Qué llevas en el pecho
Tan fino y leve?

—La espada de mi amante
Que vive y muere.

—¿Qué llevas en los ojos
Negro y solemne?

—Mi pensamiento triste
Que siempre hiere.

—¿Por qué llevas un manto
Negro de muerte?

—¡Ay, yo soy la viudita
Triste y sin bienes
Del conde del Laurel
De los Laureles!

—¿A quién buscas aquí
Si a nadie quieres?

—Busco el cuerpo del conde
De los Laureles.

—¿Tú buscas el amor,
Viudita aleve?
Tú buscas un amor
Que ojalá encuentres.

—Estrellitas del cielo
Son mis quereres,

¿Dónde hallaré a mi amante
Que vive y muere?

—Está muerto en el agua,
Niña de nieve,
Cubierto de nostalgias
Y de claveles.

—¡Ay! caballero errante
De los cipreses.
Una noche de luna
Mi alma te ofrece.

—¡Ah! Isis soñadora.
Niña sin mieles,
La que en bocas de niños
Su cuento vièrte.
Mi corazón te ofrezco,
Corazón tenue,
Herido por los ojos
De las mujeres.

—Caballero galante,
Con Dios te quedes.
Voy a buscar al conde
De los Laureles.

—Adiós, mi doncellita,
Rosa durmiente,
Tú vas para el amor
Y yo a la muerte.

Esquilones de plata
Llevan los bueyes.

Mi corazón desangra
Como una fuente.

SUEÑO

Mayo de 1919.

Mi corazón reposa junto a la fuente fría.
   (Llénala con tus hilos,
   Araña del olvido.)

El agua de la fuente su canción le decía.
   (Llénala con tus hilos,
   Araña del olvido.)

Mi corazón despierto sus amores decía.
   (Araña del silencio,
   Téjele tu misterio.)

El agua de la fuente lo escuchaba sombría.
   (Araña del silencio,
   Téjele tu misterio.)

Mi corazón se vuelca sobre la fuente fría.
   (Manos blancas, lejanas,
   Detened a las aguas.)

Y el agua se lo lleva cantando de alegría.
   (¡Manos blancas, lejanas,
   Nada queda en las aguas!)

PAISAJE

Junio de 1920.

Las estrellas apagadas
Llenan de ceniza el río
Verdoso y frío.

La fuente no tiene trenzas.
Ya se han quemado los nidos
Escondidos.

Las ranas hacen del cauce
Una siringa encantada
Desafinada.

Sale del monte la luna,
Con su cara bonachona
De jamona.

Una estrella le hace burla
Desde su casa de añil
Infantil.

El débil color rosado
Hace cursi el horizonte
Del monte.

Y observo que el laurel tiene
Cansancio de ser poético
Y profético.

Como la hemos visto siempre
El agua se va durmiendo,
Sonriendo.

Todo llora por costumbre.
Todo el campo se lamenta
Sin darse cuenta.

Yo, por no desafinar,
Digo por educación:
"¡Mi corazón!"

Pero una grave tristeza
Tiñe mis labios manchados
De pecados.

Yo voy lejos del paisaje.
Hay en mi pecho una hondura
De sepultura.

Un murciélago me avisa
Que el sol se esconde doliente
En el poniente.

¡Pater noster por mi amor!
(Llanto de las alamedas
Y arboledas.)

En el carbón de la tarde
Miro mis ojos lejanos,
Cual milanos.

Y despeino mi alma muerta
Con arañas de miradas
Olvidadas.

Ya es de noche, y las estrellas
Clavan puñales al río
Verdoso y frío.

CORAZÓN NUEVO

Junio de 1918. (*Granada.*)

Mi corazón, como una sierpe,
Se ha desprendido de su piel.

Y aquí la miro entre mis dedos
Llena de heridas y de miel.

Los pensamientos que anidaron
En tus arrugas ¿dónde están?
¿Dónde las rosas que aromaron
A Jesucristo y a Satán?

¡Pobre envoltura que ha oprimido
A mi fantástico lucero!
Gris pergamino dolorido
De lo que quise y ya no quiero.

Yo veo en ti fetos de ciencias,
Momias de versos y esqueletos
De mis antiguas inocencias
Y mis románticos secretos.

¿Te colgaré sobre los muros
De mi museo sentimental,
Junto a los gélidos y oscuros
Lirios durmientes de mi mal?

¿O te pondré sobre los pinos
—Libro doliente de mi amor—
Para que sepas de los trinos
Que da a la aurora el ruiseñor?

SE HA PUESTO EL SOL

Agosto de 1920.

Se ha puesto el sol. Los árboles
Meditan como estatuas.

Ya está el trigo segado.
¡Qué tristeza
De las norias paradas!

Un perro campesino
Quiere comerse a Venus, y le ladra.
Brilla sobre su campo de pre-beso,
Como una gran manzana.

Los mosquitos —Pegasos del rocío—
Vuelan, el aire en calma.
La Penélope inmensa de la luz
Teje una noche clara.

Hijas mías, dormid, que viene el lobo,
Las ovejitas balan.
¿Ha llegado el otoño, compañeras?
Dice una flor ajada.

Ya vendrán los pastores con sus nidos
Por la sierra lejana,
Ya jugarán las niñas en la puerta
De la vieja posada,
Y habrá coplas de amor
Que ya se saben
De memoria las casas.

MADRIGAL

Octubre de 1920. (*Madrid.*)

Mi beso era una granada,
Profunda y abierta;

Tu boca era rosa
De papel.

El fondo un campo de nieve.

Mis manos eran hierros
Para los yunques;
Tu cuerpo era el ocaso
De una campanada.

El fondo un campo de nieve.

En la agujereada
Calavera azul
Hicieron estalactitas
Mis te quiero.

El fondo un campo de nieve.

Llenáronse de moho
Mis sueños infantiles,
Y taladró la luna
Mi dolor salomónico.

El fondo un campo de nieve.

Ahora maestro grave
A la alta escuela,
A mi amor y a mis sueños
(Caballitos sin ojos).

Y el fondo es un campo de nieve.

TARDE

Noviembre de 1919.

Tarde lluviosa en gris cansado,
Y sigue el caminar.
Los árboles marchitos.
          Mi cuarto, solitario.
Y los retratos viejos
Y el libro sin cortar...

  Chorrea la tristeza por los muebles
Y por mi alma.

         Quizá
No tenga para mí Naturaleza
El pecho de cristal.

  Y me duele la carne del corazón
Y la carne del alma.
        Y al hablar,
Se quedan mis palabras en el aire
Como corchos sobre agua.

  Sólo por tus ojos
Sufro yo este mal,
Tristezas de antaño
Y las que vendrán.

  Tarde lluviosa en gris cansado,
Y sigue el caminar.

HAY ALMAS QUE TIENEN...

8 de febrero de 1920.

Hay almas que tienen
Azules luceros,
Mañanas marchitas
Entre hojas del tiempo,
Y castos rincones
Que guardan un viejo
Rumor de nostalgias
Y sueños.

Otras almas tienen
Dolientes espectros
De pasiones. Frutas
Con gusanos. Ecos
De una voz quemada
Que viene de lejos
Como una corriente
De sombras. Recuerdos
Vacíos de llanto
Y migajas de besos.

Mi alma está madura
Hace mucho tiempo,
Y se desmorona
Turbia de misterio.
Piedras juveniles
Roídas de ensueño
Caen sobre las aguas
De mis pensamientos.
Cada piedra dice:
¡Dios está muy lejos!

BALADA INTERIOR

16 de julio de 1920.
(*Vega de Zujaira.*)

El corazón
Que tenía en la escuela
Donde estuvo pintada
La cartilla primera,
¿Está en ti,
Noche negra?

(Frío, frío,
Como el agua
Del río.)

El primer beso
Que supo a beso y fue
Para mis labios niños
Como la lluvia fresca,
¿Está en ti,
Noche negra?

(Frío, frío,
Como el agua
Del río.)

Mi primer verso,
La niña de las trenzas
Que miraba de frente,
¿Está en ti,
Noche negra?

(Frío, frío,
Como el agua
Del río.)

Pero mi corazón
Roído de culebras,
El que estuvo colgado
Del árbol de la ciencia,
¿Está en ti,
Noche negra?

(Caliente, caliente,
Como el agua
De la fuente.)

Mi amor errante,
Castillo sin firmeza
De sombras enmohecidas,
¿Está en ti,
Noche negra?

(Caliente, caliente,
Como el agua
De la fuente.)

¡Oh, gran dolor!
Admites en tu cueva
Nada más que la sombra.
¿Es cierto,
Noche negra?

(Caliente, caliente,
Como el agua
De la fuente.)

¡Oh corazón perdido!
¡Requiem aeternam!

EL LAGARTO VIEJO

26 de julio de 1920.
(*Vega de Zujaira.*)

En la angosta senda
He visto al buen lagarto
(Gota de cocodrilo)
Meditando.
Con su verde levita
De abate del diablo,
Su talante correcto
Y su cuello planchado,
Tiene un aire muy triste
De viejo catedrático.
¡Esos ojos marchitos
De artista fracasado,
Cómo miran la tarde
Desmayada!
   ¿Es éste su paseo
Crepuscular, amigo?
Usad bastón, ya estáis
Muy viejo, Don Lagarto,
Y los niños del pueblo
Pueden daros un susto.
¿Qué buscáis en la senda,
Filósofo cegato,
Si el fantasma indeciso
De la tarde agosteña
Ha roto el horizonte?

¿Buscáis la azul limosna
Del cielo moribundo?
¿Un céntimo de estrella?
¿O acaso
Estudiasteis un libro
De Lamartine, y os gustan
Los trinos platerescos
De los pájaros?

(Miras al sol poniente,
Y tus ojos relucen,
¡Oh, dragón de las ranas!,
Con un fulgor humano.
Las góndolas sin remos
De las ideas, cruzan
El agua tenebrosa
De tus iris quemados.)

¿Venís quizás en busca
De la bella lagarta,
Verde como los trigos
De mayo,
Como las cabelleras
De las fuentes dormidas,
Que os despreciaba, y luego
Se fue de vuestro campo?
¡Oh, dulce idilio roto
Sobre la fresca juncia!

¡Pero vivid! ¡Qué diantre!
Me habéis sido simpático.
El lema de "me opongo
A la serpiente" triunfa
En esa gran papada
De arzobispo cristiano.

Ya se ha disuelto el sol
En la copa del monte,
Y enturbian el camino
Los rebaños.
Es hora de marcharse.
Dejad la angosta senda
y no continuéis
Meditando.
Qué lugar tendréis luego
De mirar las estrellas
Cuando os coman sin prisa
Los gusanos.

¡Volved a vuestra casa
Bajo el pueblo de grillos!
¡Buenas noches, amigo
Don Lagarto!

Ya está el campo sin gente,
Los montes apagados
Y el camino desierto;
Sólo de cuando en cuando
Canta un cuco en la umbría
De los álamos.

PATIO HÚMEDO

1920

Las arañas
iban por los laureles.

La casualidad
Se va tornando en nieve,

Y los años dormidos
Ya se atreven
A clavar los telares
Del siempre.

La quietud hecha esfinge
Se ríe de la muerte
Que canta melancólica
En un grupo
De lejanos cipreses.

La yedra de las gotas
Tapiza las paredes
Empapadas de arcaicos
Misereres.

¡Oh, torre vieja! Llora
Tus lágrimas mudéjares
Sobre este grave patio
Que no tiene fuente.

Las arañas
Iban por los laureles.

BALADA
DE LA PLACETA

1919.

Cantan los niños

En la noche quieta:
¡Arroyo claro,
Fuente serena!

Los niños

¿Qué tiene tu divino
Corazón en fiesta?

Yo

Un doblar de campanas
Perdidas en la niebla.

Los niños

Ya nos dejas cantando
En la plazuela.

¡Arroyo claro,
Fuente serena!

¿Qué tienes en tus manos
De primavera?

Yo

Una rosa de sangre
Y una azucena.

Los niños

Mójalas en el agua
De la canción añeja.
¡Arroyo claro,
Fuente serena!

¿Qué sientes en tu boca
Roja y sedienta?

Yo

El sabor de los huesos
De mi gran calavera.

Los niños

Bebe el agua tranquila
De la canción añeja.
¡Arroyo claro,
Fuente serena!

¿Por qué te vas tan lejos
De la plazuela?

Yo

¡Voy en busca de magos
Y de princesas!

Los niños

¿Quién te enseñó el camino
De los poetas?

Yo

La fuente y el arroyo
De la canción añeja.

Los niños

¿Te vas lejos, muy lejos
Del mar y de la tierra?

Yo

Se ha llenado de luces
Mi corazón de seda,
De campanas perdidas,
De lirios y de abejas,
Y yo me iré muy lejos,
Más allá de esas sierras,
Más allá de los mares,
Cerca de las estrellas,
Para pedirle a Cristo
Señor que me devuelva
Mi alma antigua de niño,
Madura de leyendas,
Con el gorro de plumas
Y el sable de madera.

Los niños

Ya nos dejas cantando
En la plazuela,
¡Arroyo claro,
Fuente serena!

Las pupilas enormes
De las frondas resecas
Heridas por el viento
Lloran las hojas muertas.

HORAS DE ESTRELLAS

1920

El silencio redondo de la noche
Sobre el pentagrama
Del infinito.

   Yo me salgo desnudo a la calle,
Maduro de versos
Perdidos.
Lo negro, acribillado
Por el canto del grillo,
Tiene ese fuego fatuo,
Muerto,
Del sonido.
Esa luz musical
Que percibe
El espíritu.

   Los esqueletos de mil mariposas
Duermen en mi recinto.

   Hay una juventud de brisas locas
Sobre el río.

EL CAMINO

   No conseguirá nunca
Tu lanza
Herir al horizonte.
La montaña
Es un escudo
Que lo guarda.

sueñes con la sangre de la luna
descansa.
Pero deja, camino,
Que mis plantas
Exploren la caricia
De la rociada.

¡Quiromántico enorme!
¿Conocerás las almas
Por el débil tatuaje
Que olvidan tus espaldas?
Si eres un Flammarión
De las pisadas,
¡Cómo debes amar
A los asnos que pasan
Acariciando con ternura humilde
Tu carne desgarrada!

Ellos solos meditan dónde puede
Llegar tu enorme lanza.
Ellos solos, que son
Los Budas de la Fauna,
Cuando viejos y heridos deletrean
Tu libro sin palabras.

¡Cuánta melancolía
Tienes entre las casas
Del poblado!
¡Qué clara
Es tu virtud! Aguantas
Cuatro carros dormidos,
Dos acacias,
Y un pozo del antaño
Que no tiene agua.

Dando vueltas al mundo,
No encontrarás posada.
No tendrás camposanto
Ni mortaja,
Ni el aire del amor renovará
Tu sustancia.

Pero sal de los campos
Y en la negra distancia
De lo eterno, si tallas
La sombra con tu lima
Blanca, ¡oh, camino!
¡Pasarás por el puente
De Santa Clara!

EL CONCIERTO
INTERRUMPIDO

1920.

Ha roto la armonía
De la noche profunda,
El calderón helado y soñoliento
De la media luna.

Las acequias protestan sordamente
Arropadas con juncias,
Y las ranas, muecines de la sombra,
Se han quedado mudas.

En la vieja taberna del poblado
Cesó la triste música,

Y ha puesto la sordina a su aristón
La estrella más antigua.

El viento se ha sentado en los torcales
De la montaña oscura,
Y un chopo solitario —el Pitágoras
De la casta llanura—
Quiere dar con su mano centenaria,
Un cachete a la luna.

CANCIÓN ORIENTAL

1920.

Es la granada olorosa
Un cielo cristalizado.
(Cada grano es una estrella,
Cada velo es un ocaso.)
Cielo seco y comprimido
Por la garra de los años.

La granada es como un seno
Viejo y apergaminado,
Cuyo pezón se hizo estrella
Para iluminar el campo.

Es colmena diminuta
Con panal ensangrentado,
Pues con bocas de mujeres
Sus abejas la formaron.
Por eso al estallar, ríe
Con púrpuras de mil labios...

La granada es corazón
Que late sobre el sembrado,
Un corazón desdeñoso
Donde no pican los pájaros,
Un corazón que por fuera
Es duro como el humano,
Pero da al que lo traspasa
Olor y sangre de mayo.
La granada es el tesoro
Del viejo gnomo del prado,
El que habló con niña Rosa,
En el bosque solitario,
Aquel de la blanca barba
Y del traje colorado.
Es el tesoro que aún guardan
Las verdes hojas del árbol.
Arca de piedras preciosas
En entraña de oro vago.

La espiga es el pan. Es Cristo
En vida y muerte cuajado.

El olivo es la firmeza
De la fuerza y el trabajo.

La manzana es lo carnal,
Fruta esfinge del pecado,
Gota de siglos que guarda
De Satanás el contacto.

La naranja es la tristeza
Del azahar profanado,
Pues se torna fuego y oro
Lo que antes fue puro y blanco.

Las vides son la lujuria
Que se cuaja en el verano,
De las que la iglesia saca
Con bendición, licor santo.

Las castañas son la paz
Del hogar. Cosas de antaño.
Crepitar de leños viejos,
Peregrinos descarriados.

La bellota es la serena
Poesía de lo rancio,
Y el membrillo de oro débil
La limpieza de lo sano.

Mas la granada es la sangre,
Sangre del cielo sagrado,
Sangre de la tierra herida
Por la aguja del regato.
Sangre del viento que viene
Del rudo monte arañado.
Sangre de la mar tranquila,
Sangre del dormido lago.
La granada es la prehistoria
De la sangre que llevamos,
La idea de sangre, encerrada
En glóbulo duro y agrio,
Que tiene una vaga forma
De corazón y de cráneo.

¡Oh granada abierta!, que eres
Una llama sobre el árbol,
Hermana en carne de Venus,
Risa del huerto oreado.
Te cercan las mariposas
Creyéndote sol parado.

Y por miedo de quemarse
Huyen de ti los gusanos.

Porque eres luz de la vida,
Hembra de las frutas. Claro
Lucero de la floresta
Del arroyo enamorado.

¡Quién fuera como tú, fruta,
Todo pasión sobre el campo!

ESPIGAS

Junio de 1919.

El trigal se ha entregado a la muerte.
Ya las hoces cortan las espigas.
Cabecean los chopos hablando
Con el alma sutil de la brisa.

El trigal sólo quiere silencio.
Se cuajó con el sol, y suspira
Por el amplio elemento en que moran
Los ensueños despiertos.
                              El día.
Ya maduro de luz y sonido,
Por los montes azules declina.

¿Qué misterioso pensamiento
Conmueve a las espigas?
¿Qué ritmo de tristeza soñadora
Los trigales agita?...

¡Parecen las espigas viejos pájaros
Que no pueden volar! Son cabecitas,
Que tienen el cerebro de oro puro
y expresiones tranquilas.

Todas piensan lo mismo, todas llevan
Un secreto profundo que meditan.
Arrancan a la tierra su oro vivo
Y cual dulces abejas del sol, liban
El rayo abrasador con que se visten
Para formar el alma de la harina.

¡Oh, qué alegre tristeza me causáis,
Dulcísimas espigas!
Venís de las edades más profundas,
Cantastéis en la Biblia,
Y tocáis cuando os rozan los silencios
Un concierto de liras.

Brotáis para alimento de los hombres.
¡Pero mirad las blancas margaritas
Y los lirios que nacen *porque sí!*
¡Momias de oro sobre las campiñas!
La flor silvestre nace para el sueño
Y vosotras nacéis para la vida.

MANANTIAL

(*Fragmento.*)

1919.

La sombra se ha dormido en la pradera.
Los manantiales cantan.

Frente al ancho crepúsculo de invierno
Mi corazón soñaba.
¿Quién pudiera entender los manantiales,
El secreto del agua
Recién nacida, ese cantar oculto
A todas las miradas
Del espíritu, dulce melodía
Más allá de las almas...?

Luchando bajo el peso de la sombra
Un manantial cantaba.
Yo me acerqué para escuchar su canto
Pero mi corazón no entiende nada.

Era un brotar de estrellas invisibles
Sobre la hierba casta,
Nacimiento del Verbo de la tierra
Por un sexo sin mancha.

Mi chopo centenario de la vega
Sus hojas meneaba
Y eran las hojas trémulas de ocaso
Como estrellas de plata.
El resumen de un cielo de verano
Era el gran chopo.
                    Mansas
Y turbias de penumbra yo sentía
Las canciones del agua.

¿Qué alfabeto de auroras ha compuesto
Sus ocultas palabras?
¿Qué labios las pronuncian? ¿Y qué dicen
A la estrella lejana?
¡Mi corazón es malo, Señor! Siento en mi carne
La implacable brasa
Del pecado. Mis mares interiores

Se quedaron sin playas.
Tu faro se apagó. ¡Ya no alumbra
Mi corazón de llamas!
Pero el negro secreto de la noche
Y el secreto del agua
¿Son misterios tan sólo para el ojo
De la conciencia humana?
¿La niebla del misterio no estremece
Al árbol, al insecto y la montaña?
¿El terror de la sombra no lo sienten
Las piedras y las plantas?
¿Es sonido tan sólo esta voz mía?
¿Y el casto manantial no dice nada?

Mas yo siento en el agua
Algo que me estremece... como un aire
Que agita los ramajes de mi alma.

¡Sé árbol!

(Dijo una voz en la distancia.)
Y hubo un torrente de luceros
Sobre el cielo sin mancha.

Yo me incrusté en el chopo centenario
Con tristeza y con ansia,
Cual Dafne varonil que huye miedosa
De un Apolo de sombra y de nostalgia.
Mi espíritu fundióse con las hojas
Y fue mi sangre savia.
En untuosa resina convirtióse
La fuente de mis lágrimas.
El corazón se fue con las raíces,
Y mi pasión humana,
Haciendo heridas en la ruda carne,
Fugaz me abandonaba.

Frente al ancho crepúsculo de invierno
Yo torcía las ramas
Gozando de los ritmos ignorados
Entre la brisa helada.

Sentí sobre mis brazos dulces nidos,
Acariciar de alas,
Y sentí mil abejas campesinas
Que en mis dedos zumbaban.
¡Tenía una colmena de oro vivo
En las viejas entrañas!
El paisaje y la tierra se perdieron,
Sólo el cielo quedaba.
Y escuché el débil ruido de los astros
Y el respirar de las montañas.

¿No podrán comprender mis dulces hojas
El secreto del agua?
¿Llegarán mis raíces a los reinos
Donde nace y se cuaja?
Incliné mis ramajes hacia el cielo
Que las ondas copiaban,
Mojé las hojas en el cristalino
Diamante azul que canta,
Y sentí borbotar los manantiales
Como de humano yo los escuchara.
Era el mismo fluir lleno de música
Y de ciencia ignorada.

Al levantar mis brazos gigantescos
Frente al azul, estaba
Lleno de niebla espesa, de rocío
Y de luz marchitada.

Tuve la gran tristeza vegetal,
El amor a las alas

Para poder lanzarse con los vientos
A las estrellas blancas.
Pero mi corazón en las raíces
Triste me murmuraba:
Si no comprendes a los manantiales
¡Muere y troncha tus ramas!

   ¡Señor, arráncame del suelo! ¡Dame oídos
Que entiendan a las aguas!
Dame una voz que por amor arranque
Su secreto a las ondas encantadas;
Para encender su faro sólo pido
Aceite de palabras.

   ¡Sé ruiseñor!, dice una voz perdida
En la muerta distancia,
Y un torrente de cálidos luceros
Brotó del seno que la noche guarda.
. . . .
. . . .

POEMA
DE CANTE JONDO
(1921)

BALADILLA DE LOS TRES RIOS

El río Guadalquivir
va entre naranjos y olivos.
Los dos ríos de Granada
bajan de la nieve al trigo.

¡Ay, amor
que se fue y no vino!

El río Guadalquivir
tiene las barbas granates.
Los dos ríos de Granada,
uno llanto y otro sangre.

¡Ay, amor
que se fue por el aire!

Para los barcos de vela
Sevilla tiene un camino;
por el agua de Granada
sólo reman los suspiros.

¡Ay, amor
que se fue y no vino!

Guadalquivir, alta torre
y viento en los naranjales.
Dauro y Genil, torrecillas
muertas sobre los estanques.

¡Ay, amor
que se fue por el aire!

¡Quién dirá que el agua lleva
un fuego fatuo de gritos!

¡Ay, amor
que se fue y no vino!

Lleva azahar, lleva olivas,
Andalucía, a tus mares.

¡Ay, amor
que se fue·por el aire!

POEMA DE LA SIGUIRIYA GITANA

PAISAJE

  El campo
de olivos
se abre y se cierra
como un abanico.
Sobre el olivar
hay un cielo hundido
y una lluvia oscura
de luceros fríos.
Tiembla junco y penumbra
a la orilla del río.
Se riza el aire gris.
Los olivos
están cargados
de gritos.
Una bandada
de pájaros cautivos,
que mueven sus larguísimas
colas en lo sombrío.

LA GUITARRA

Empieza el llanto
de la guitarra.
Se rompen las copas
de la madrugada.
Empieza el llanto
de la guitarra
Es inútil callarla,
Es imposible
callarla.
Llora monótona
como llora el agua,
como llora el viento
sobre la nevada.
Es imposible
callarla.
Llora por cosas
lejanas
Arena del Sur caliente
que pide camelias blancas.
Llora flecha sin blanco,
la tarde sin mañana,
y el primer pájaro muerto
sobre la rama.
¡Oh, guitarra!
Corazón malherido
por cinco espadas.

EL GRITO

La elipse de un grito,
va de monte
a monte.

olivos,
arco iris negro
la noche azul.

¡Ay!

Como un arco de viola
el grito ha hecho vibrar
largas cuerdas del viento.

¡Ay!

(Las gentes de las cuevas
asoman sus velones).

¡Ay!

EL SILENCIO

Oye, hijo mío, el silencio,
Es un silencio ondulado,
un silencio
donde resbalan valles y ecos
y que inclina las frentes
hacia el suelo.

EL PASO
DE LA SIGUIRIYA

Entre mariposas negras
va una muchacha morena,

junto a una blanca serpiente
de niebla.

Tierra de luz,
cielo de tierra.

Va encadenada al temblor
de un ritmo que nunca llega;
tiene el corazón de plata
y un puñal en la diestra.

¿A dónde vas, siguiriya,
con un ritmo sin cabeza?
¿Qué luna recogerá
tu dolor de cal y adelfa?

Tierra de luz,
cielo de tierra.

DESPUES DE PASAR

Los niños miran
un punto lejano.

Los candiles se apagan.
Unas muchachas ciegas
preguntan a la luna,
y por el aire ascienden
espirales de llanto.

Las montañas miran
un punto lejano.

Y DESPUÉS

Los laberintos
que crea el tiempo
se desvanecen.

(Sólo queda
el desierto).

El corazón,
fuente del deseo,
Se desvanece.

(Sólo queda
el desierto).

La ilusión de la aurora
y los besos
Se desvanecen.

Sólo queda
el desierto.
Un ondulado
desierto.

INDICE:

Edición 2000 ejemplares
Febrero de 1988
Impresora Lorenzana
Cafetal núm. 661, Col. Granjas México